HISTOIRE MIRACVLEVSE DE LA SAINCTE HOSTIE gardee en l'Eglise de S. Iean en Greue.

Ensemble quelques Hymnes de l'Eglise au S. Sacrement de l'Autel.

De la Traduction de H. S. P.

A PARIS.

Chez FEDERIC MOREL, Imprimeur ordinaire du Roy.

M. DC. IV.

HISTOIRE MIRACVLEVSE DE LA SAINCTE HOSTIE

gardée en l'Eglise de S. Iean en Greue.

Ensemble quelques Hymnes de l'Eglise du S. Sacrement de l'Autel.

De la Traduction de H. S. P.

A PARIS,

Chez Federic Morel, Imprimeur ordinaire du Roy.

M. DC. IV.

A MESSIEVRS LES CVRE', MARGVILLIERS ET PARROISSIENS DE L'EGLISE de sainct Iean en Greue.

QVATRAIN.

VOVS auez en depost vn riche & grand thresor,
Possedans du Sauueur la chair ensanglantee:
Ce don vous rend heureux; mais plus heureux encor,
Vous rend sa viue Foy dans vos ames plantee.

SVR LE MIRACLE DV S. SACREMENT, ET LA CHAPPELLE dediee en son honneur. 1603.

QVand en l'honneur du celeste repas
Feistes bastir vn nouuel edifice,
Dieu estendit sur l'ouurage ses bras
Pour en benir l'autheur & l'artifice.

Puis enuoyant ſon Eſprit icy bas,
Vous mit au cœur de publier l'office
Du ſainct Miracle en ſon corps aduenu,
Pour eſtre à tous veritable cognu.
Ainſi par vous le corps & la matiere
Fut faict de l'œuure au Sauueur dedié,
Mais l'Eſprit ſainct y mit la forme entiere
Quand par luy fut cet œuure publié.

SONET.

QVand le Verbe Eternel nay d'vne Vierge-
mere
Priſt la forme d'vn ſerf pour nous glorifier,
Se faiſant Homme-Dieu pour nous deïfier,
Son corps ſe vit ſubiect à l'humaine miſere.
Mais quand il fut aſsis à la dextre du Pere
Impaſsible & diuin, Satan cruel & fier,
(Eſſayant derechef de le crucifier,)
En vain luy a braſſé la mort & l'impropere.
Car la Mort vne fois l'ayant à ſoy ſouzmis,
Il eſt reſté vaincueur de tous ſes ennemis;
Couronné pour iamais d'vne gloire immortelle.
C'eſt pourquoy l'attentat du ſanguinaire Iuif
(Penſant meurtrir le corps du Sauueur touſiours
vif)
N'a meurtry que luy-meſme & ſa ſecte infidelle.

H. S. P.

Histoire memorable du grand & signalé miracle aduenu à Paris, l'an mil deux cens quatre-vingts dix, en la maison d'vn Iuif, size rue des Iardins, où de present est le monastere des Billettes; à l'endroit du precieux corps de nostre Seigneur IESVS-CHRIST, qui a esté gardé iusqu'à present en l'Eglise de S. Iean en Greue.

Extraicte du thresor des Chartres, & traduicte de Latin en François par vn Marguillier de ladite Eglise.

OVR conseruer eternellement la memoire solemnelle du sainct & glorieux corps de nostre

Seigneur IESVS-CHRIST, au ſacrement de l'Autel, & renouueller au cœur des fideles la foy d'vn ſi grād myſtere, qui peu s'en faut y eſt amortie; i'ay penſé que ce ne ſeroit mal faict de coucher par eſcrit authenticque vn miracle des plus ſignalez que noſtre Seigneur, ſuiuant la couſtume de ſa paternelle bonté, a daigné faire en ce temps & à nos yeux, au ſubiet de ſa propre chair. Ce meſme Seigneur IESVS-CHRIST Dieu & homme, benin Createur & Redempteur du monde, recognoiſſant qu'il y auroit en ſon Egliſe, pluſieurs perſonnes qualifiees de l'honneur de ſon nom, leſquelles ſeroient preſque deſnuees de foy, vuides d'eſperance, & tiedes en charité, & viendroient à douter, touchant l'auguſte ſacrement de l'Autel, auquel ſouz les eſpeces du pain & du vin ſa chair ſacree eſt priſe,

& son sang est beu; afin d'extirper de l'ame des Chrestiens vn erreur si damnable, & confirmer en eux la constance de ceste creance, a voulu nagueres en ceste ville de Paris, en la maison d'vn certain Iuif, rendre vn argument certain & indubitable, auec demonstration euidente de la reelle verité de son corps, audit sacrement de la tres-saincte Eucharistie.

Il est donc aduenu en l'an mil deux cens quatre vingts dix, aux festes solemnelles de Pasques, esquelles la religion Chrestienne a de coustume se rassasier du corps & sang de IESVS-CHRIST, vray agneau sans macule, qu'vne pauure femme ayant engagé à vn certain Iuif, demeurant en la rue des Iardins, nômé Ionathas, ses meilleurs habits, pour suruenir à sa necessité, & n'ayant dequoy les racheter, le supplia humblement de les luy rendre ou prester, à ce qu'au iour d'vne si bonne feste, elle peust cõuerser plus honnestement auec ses voisines.

Or ce malheureux Iuif recognoissant que ceste femme n'estoit peu trãsportee de ceste affection, par l'instinct & trame du malin esprit, commence à luy tenir ce propos: Femme si tu veux que ie te donne volontiers ce que tu me demandes, fay moy promesse de m'apporter & liurer ceste chose que tu dois receuoir au iourd'huy en l'Eglise, & que tu crois estre ton Dieu. Si tu fais cela, ie ne te rendray pas seulement tes habits, mais aussi ie te donneray l'argẽt que ie t'ay presté. Ceste fille de Belial manque de foy & deuotion, & espoinçonnee de l'esguillon d'auarice, est à l'instant saisie de l'esprit de perdition, & poussee d'aussi peruers conseil que fut iadis le trahistre Iudas, promet sans se faire beau-

beaucoup prier, ce qu'on luy demande, elle debite par vn deteſtable traffic pour trente ſols Pariſis (car pour autant ſeulement ſes robbes eſtoient engagees) ce meſme Seigneur & Sauueur que ce reprouué trahiſtre de ſon Maiſtre liura iadis pour trẽte deniers à ſes ennemis, & à l'imitation d'iceluy ceſte damnee creature conuient & accorde de le deliurer à ce circoncis.

Toſt apres à l'heure de la premiere Meſſe, elle entre en l'Egliſe parrochialle de S. Mederic, & s'approchant auec les autres fideles pres du ſainct Autel, comme porte l'ancienne couſtume, toute enflee du venin de ſa malice & cõuoitiſe, maſquee d'vne reuerẽce feinte, reçoit les venerables myſteres du corps de IESVS-CHRIST, & d'artifice proietté garde la ſaincte Hoſtie quelque peu de temps dans ſa maudicte bouche, & ſouz la langue de ſon infidelité : de là ceſte faulſe trahiſtreſſe coulpable de l'exces d'vn ſi grand parricide, ſortant hors de l'Egliſe s'en va vers le Iuif, & ſe deſgageant de ſon impie promeſſe, luy deliure ce precieux Sacrement, retire ſes habits, ainſi qu'il auoit eſté conuenu, & s'en retourne chez elle, faiſant peu d'eſtat d'auoir ſi laſchement & malheureuſement vendu le corps de ſon Createur.

Ce cruel & barbare Iuif ayant receu la ſaincte Euchariſtie, aueuglé des tenebres de ſon opiniaſtreté, & ne recognoiſſant que ſouz l'eſpece du pain eſtoit cachee la vraye chair de noſtre Sauueur, qu'il a priſe des flancs immaculez de la ſacree Vierge, commence à tenir ce langage à ſoy-meſme : Ie ſçauray maintenant, & à ce coup eſprouueray, s'il y a de la verité en ce que ces fols de Chreſtiens racontent. Ce disant il prent vn caniuet ou petit cousteau, tel que celuy dont se seruent les escriuains à tailler leurs plumes, & se met à percer de plusieurs poinctures l'Hostie viuante du sainct corps de IESVS-CHRIST, par luy mise sur vn coffre: & n'eust si tost faict cela qu'à l'instant il void sortir d'icelle, & ruisseler grãde quantité de sang precieux. Esmerueillé d'vn tel spectacle, il appelle sa femme auec vn petit fils & vne fille qu'il auoit: & persistant neantmoins tousiours en son incredulité, leur monstre le prodige de son execrable forfait. La femme, bien que du premier abord elle prist quelque plaisir en ceste meschanceté, pàr apres neantmoins reste toute estonnee d'vn aspect si espouuentable: le Iuif fut pareillement estõné d'vn tel miracle, mais n'arresta pour cela le cours de sa malice, ains au lieu d'entrer en conponction, & repentir d'vn crime tant enorme, il prent derechef ceste mesme Hostie, & auec vn cloud la transperce à coups de marteau, de laquelle commença derechef à couler du sang en abondance : mais comme *c'est l'ordinaire du vice de ne desister iamais iusques à ce qu'il soit paruenu au fest & comble d'iniquité*, le meschant se met derechef à la flageller d'vne si estrange façon, que la propre femme du Iuif esbranlee de ceste impieté, ne se peut contenir de luy dire:

O homme tres-cruel, si iamais y en eut au monde, & despoüillé de toute humanité! comment se peut-il faire que tu ne sois esmeu de si grandes merueilles? comment est-ce que ton cœur est tant endurcy, & ton esprit obscurcy, & ton ame si plõgee au gouffre profond de malice, que tu ne vienne à penſer à toy, contemplant de tes yeux mal-heureux tant de traicts ſignalez de la puiſſance de Dieu? ne vois tu pas qu'à iuſte raiſon les Chreſtiens adorent & inuocquent vn tel pour Meſſie, caché ſouz le rideau des elemens viſibles, attendu qu'apres auoir eſté percé de tant de coups, & deſchiré par toy d'vne ſi grande quātité de playes, il perſeuere touſiours entier & ſans corruption? Ceſſe au moins maintenant mal-heureux que tu es, ceſſe de pourſuiure la poincte de ta meſchanceté, deſpoüille ton obſtination & enuie aueuglee, & adore auec moy celuy contre lequel ta rage & fureur s'eſt ſi longuement & en vain acharnée.

Tant s'en faut neantmoins que ce deteſtable Iuif ſe miſt en deuoir de recognoiſtre ſon iniquité, qu'au contraire, tant plus il eſt inſtruit miraculeuſement, d'autant plus il conuertit ſa penſee à pis faire, & s'endurcit ainſi que Pharaon. Il ſaiſit derechef de ſes mains pollues ceſte meſme Hoſtie, & la iette dans vn grand braſier, mais à l'inſtant elle s'eſlance dehors, & ſe met à volleter par la place, non ſans merueilleux eſtonnement de ſes infideles. il paſſe encor plus auant, l'impie qu'il eſt, & prent en main vn gros cousteau de cuiſine, & s'esforce auec iceluy de la decoupper & tailler en pieces pour combler ſa reprobation. Ce miſerable prent beaucoup de peine, mais le tout en vain : parce que le corps de IESVS-CHRIST demeure touſiours en ſon entier & perfection. Et afin que ce cruel n'oubliaſt rien des tourmẽs & ſupplices que noſtre Seigneur auoit ſouffert en ſa premiere paſſion, il attache contre vn lieu puant & infect ceſte meſme Hoſtie, & de toute ſa force luy iette vn coup de lãce, qui fit derechef l'ouuerture à vn grãd ruiſſeau de ſang decoulãt de la playe comme auparauãt. Cet organe & miniſtre de Sathã nõ encore aſſouuy de tant de cruautez, la plõge dans vne chaudiere boüillãte pour le dernier effort de ſes damnables inuentions : auſſi toſt l'eau boüillante deuint toute rouge de ſang, & la saincte Hoſtie s'eſleuant au deſſus des boüillons par la propre vertu de ſa Maieſté, ſe repreſente aux yeux de cet infidele en forme d'vn crucifix.

Touresfois le cœur marbré de cet obſtiné, ne s'amollit pour tant de miracles inoüys aux ſiecles paſſez : il ne luy chaut de veoir ſa femme & ſes enfans pleurans à l'entour de ſoy, & cõme tous tranſportez hors d'eux-meſmes pour l'euenement de tant de prodiges: Ains ſuiuant ce que dit le Sage,

Le peruers liuré en ſens reprouué, ayant atteint l'extremité des vices, s'aueugle par ſa propre malice, & foulle aux pieds tous ſalutaires conſeils & admonitions.

Finablement toutesfois apres qu'il euſt apperceu vn ſi ſubit changement & transformation, il demeura tout eſperdu & confus, ſi qu'eſtant comme hors de ſens, à guiſe d'vn grand pecheur fuyant la face de Dieu, il ſe retira dans ſa chambre.

Or conſiderant icy toutes ces merueilles, ie ne me puis contenir que ie ne m'eſcrie, O combien eſt demeſuree la bonté de noſtre Sauueur! lequel iaçoit qu'il ſoit maintenant impaſſible, & qu'eſtant vne fois reſſuſcité des morts, la vie luy ſoit acquiſe eternellement, ſans que deſormais la mort ny la douleur ayt puiſſance ſur luy, a neantmoins voulu eſtre derechef par maniere de dire crucifié par ce deteſtable

ſtable Iuif, non pour autre fin que pour conſolider l'imbecillité de noſtre foy par la cognoiſſance de ces miracles, eſleuer noſtre eſperance aux choſes celeſtes, & enflammer noſtre charité en la communion de ce ſainct viatique & gage de noſtre ſalut.

Nous pouuons auſſi remarquer icy que tout ainſi que ce ſecond crucifiement pratiqué à l'endroit du S. Sacrement de l'autel eſgale en crime le premier que firent les Iuifs, auſſi l'a-il ſecondé en miracles. Car ne plus ne moins qu'apres que noſtre Seigneur eut ſouffert la paſſion premiere, l'infirmité fut eſchangee en force, & le deshonneur en gloire, les liens de la mort rompus & briſez: ainſi apres ces outrages deſquels nous traictons, intentez ſi malheureuſement contre la ſaincte Hoſtie, la meurtriſſeure des playes a eſté conuertie en integrité, la tache du ſang en candeur, & la laideur en lumiere & beauté, comme par vn nouueau germe de reſurrectiō. cela encor auiourd'huy ſe peut aperceuoir de tous ceux qui ſerōt curieux de tirer vne foy oculaire de ceſte verité: car toutefois & quantes que les peuples fideles viennent à adorer ceſte ſaincte Hoſtie colloquee honorablement en l'Egliſe de ſainct Iean en Greue à Paris, ils la peuuent veoir de leurs yeux corporels en ſon entier, & ſans aucun changement.

Or d'autant que ſuiuant le dire indubitable de noſtre Seigneur, il n'y a rien ſi caché qui ne ſoit reuelé, rien de ſi latent & couuert qui ne vienne à eſtre manifeſté, la dignité du preſent ſubiect requiert d'eſcrire d'vne meſme ſuitte comme vn attentat ſi plein d'horreur cōmis contre le ſacré corps de noſtre Seigneur paruint à la notice des hommes. Il aduint donc en la mesme solemnité de Pasques, sur l'heure que la grand messe se deuoit celebrer, qu'on se mit à sonner les cloches au monastere de saincte Croix, pour assembler le peuple à la maniere accoustumee, quant voicy le fils de cet execrable Iuif qui sort de la maison de son pere, & rencontre plusieurs hommes & femmes, & autres enfans ses compagnons qui s'acheminoient en haste vers l'Eglise, ausquels il demanda où est-ce qu'ils se hastoient d'aller si vistement: les enfans luy respondent, qu'au son de la cloche qu'ils auoient entendu nagueres, ils s'acheminoient à l'Eglise pour veoir & adorer nostre Seigneur. A quoy il respondit: En vain vous allez à l'Eglise pour veoir vostre Dieu, car mon pere l'a si mal traicté ce matin, & luy a dõné tant de coups de fouët & de cousteau qu'il l'a fait mourir.

Alors vne bonne femme pouſſee du zele de la foy, entendant ces paroles, afin de ſçauoir la verité d'icelles, ſe voyant proche de la maiſon de cet infame Iuif, prent vne petite taſſe de bois, entre dedans, & faict ſemblant d'y chercher du feu, elle n'euſt pas ſi toſt le pied en la maiſon, qu'elle vit tout remply d'vne extreme horreur, & recognoiſt l'exces de ceſte ſanglante tragedie exercee ſur le corps du Sauueur. Se voyant en tel acceſſoire, elle fait le ſigne de la Croix, & s'approchant (non ſans grande frayeur) pour veoir de pres ceſte ſaincte Hoſtie: elle ne ſe prend garde qu'à l'inſtant elle l'aperceut toute entiere voler dedans ſa taſſe. Laquelle auec grande ioye, reuerence & admiration elle receut, & la cachant honneſtement de ſon tablier, la porta au curé de S. Iean en Greue, à fin de la garder.

Icy l'on tient qu'apres qu'elle fut entree en l'Eglise, elle se mit en deuoir d'en sortir, ne sçachant bonnement que faire : mais qu'elle ne peut iamais trouuer aucune des portes, ains alloit çà & là vaguant à l'entour des autels, comme liee inuisiblement de certaines chaisnes, iusques à ce que le Curé s'estant aperceu de ce cas estrange, l'accosta de pres auec plusieurs assistans, & apprit ce qui s'estoit passé, & receut d'elle le precieux ioyau que elle portoit.

Le Curé donc prenant des mains de ceste femme la tasse où estoit ceste Hostie, non sans grand estonnement & veneration, assemble dans l'Eglise autant de peuple que le peu de temps luy permet : & leur faict entendre par la propre bouche de la femme, comme ce que dessus luy auoit esté descouuert. Puis accompagné de ceste troupe ſe transporte vers l'Eueſque de Paris, nõmé M. Guillaume d'Auxerre, auquel il fait entẽdre le diſcours de cet accident, auſſi toſt la ville eſtant remplie de ſi faſcheuſes nouuelles, on entend bruire par tout d'eſtranges rumeurs : le monde accourt vers ladite Egliſe, & chacun ſe met en peine de redire ce qu'il auoit apris au premier venu. Ce pendant on va en diligence en la maiſon du Iuif, & ſans autre forme de proces, il eſt mis dans vne eſtroite priſon auec ſa femme & toute ſa famille. L'Eueſque de ſa part faict aſſembler en peu de temps les plus graues Eccleſiaſtiques de ſon Dioceſe, les Docteurs en Theologie, les Predicateurs, les ordres mendians & pluſieurs autres venerables perſonnes : & deuant vne telle aſſemblee on faict venir le mal-heureux Iuif. On l'examine ſur la verité du faict, & est pressé de telle façon, qu'il est contraint par la gesne inuincible de sa conscience, de confesser ce crime detestable, & la façon dont il l'auoit commis. estant ainsi conuaincu par sa propre bouche; plusieurs gens de bien de l'assistance n'oublierent de luy remonstrer l'enormité de sa faute, & l'exhorter qu'il eust à se recognoistre & repentir de cœur & de bouche d'vn si vilain acte, & de croire en celuy qu'il auoit luy mesme experimenté estre le vray Messie & Sauueur du monde. alleguans qu'il ne deuoit nonobstant le comble de ses iniquitez, perdre l'esperance d'obtenir pardon & remission: attendu que selon l'escriture de l'ancien Testament, laquelle il croyoit, Dieu a dit par son Prophete: *Ie ne veux pas la mort du pecheur, mais qu'il se conuertisse de ses voyes meschantes, & qu'il viue eternellement.*

D'abondant que ce mesme Seigneur & Messie (contre le corps glorieux duquel il s'estoit acharné si cruellement) auoit prié Dieu son pere de pardonner à ceux qui l'auoient crucifié, l'outrage de la croix, & l'ignominie de sa mort & passion.

Or d'autant que suiuant le dire de S. Gregoire, *En vain l'auditeur est excité par aduertissement exterieur, si le cœur d'iceluy à cause de ses pechez n'est rẽply de grace à l'interieur*: Ce miserable Iuif perseuera tousiours en son infidelité, bien que sa femme & ses enfans se fussent conuertis à la foy, non sans grande deuotion. A tant il est mis és mains de la iustice, & condamné par le iugement de personnes notables à estre bruslé vif. l'execution n'en est lõg temps differee: il est aussi tost liuré au Preuost de Paris. On le garrote au bout d'vne charrette: & mené au lieu du du ſupplice, on l'enuironne de fagots & ſarmẽs pour le bruler. Quoy voyãt cet infidele commence à s'eſcrier: O mal-heureux que ie ſuis (dit-il) qui pour auoir eſté ſurpris au pied leué, n'ay peu me ſaiſir des armes que i'auois. Le Preuoſt ſuſdit s'eſmeut de ces paroles, & l'enquiert quelles eſtoient ces armes, eſquelles il auoit tant de cõfiance. Il reſpond: I'ay vn certain liure caché dans ma maiſon, lequel ſi i'auois maintenant à ma deuotion, il ne ſeroit pas au pouuoir de voſtre Dieu de me faire bruler. Le Preuoſt taſche à le releuer de ceſte folle opinion. Et pour monſtrer la vanité d'icelle, commande à ſes ſergens d'aller promptement en la maiſon du Iuif pour querir ce liure: diſant à haute voix: Nous verrons bien toſt ſi ce beau liure te pourra guarentir du feu contre la volonté de noſtre Seigneur.

Le liure donc requis est apporté: on le lie & attache au criminel, estant en la charrette: & à l'instant le feu estant mis au bois preparé, le Iuif est aussi facilement cõsumé auec son liure, qu'opiniastrément il auoit refusé de se conuertir. Ainsi le miserable estant condamné par le double iugement de Dieu & des hommes, est reduict en cendre par l'embrasement d'vn feu temporel, pour passer incontinent à pres aux flammes eternelles. Par ainsi ce meschant ayant esté, comme bien appartenoit, raclé de la terre, & biffé du liure de vie, ledit Euesque de Paris fit venir deuant soy la vefue & enfans du Iuif, & ayant assemblé le corps de l'vniuersité, les ordres des religieux & plusieurs du peuple, leur fit vne belle exhortation, contenant le recit fidele de tout ce qui s'estoit passé. Apres laquelle il donna publiquemẽt le saint baptesme, à la femme, & aux enfans du Iuif, puis les signa de l'onction du sainct chresme.

Plusieurs autres Iuifs excitez par l'euidence & authorité d'vn si grand miracle, se conuertirent à la foy de IESVS-CHRIST, & furent baptisez. Quelque temps apres le Tres-chrestiẽ Roy de France Philippes le Bel, & la Royne Ieanne d'heureuse memoire, pere & mere de Charles à present regnant, enflammez d'vne grande deuotion par les rayons brillans de ceste merueille, firent edifier en Eglise la maison de ce damnable Iuif, & la dõnerent aux pauures freres religieux de l'hospiral nostre Dame, assis sur la riuiere, qu'on appelle communémẽt Rogneyon, au Diocese de Chaalons, autrement de la Charité.

Enquoy leur deuotion se monstre aussi fidele que leur desir estoit raiſonnable, afin qu'au meſme endroit où la treſſaincte chair de noſtre Seigneur ſembloit auoir ſouffert vne ſeconde paſſion, là les fideles Chreſtiẽs euſſent à le ſeruir & adorer du profõd de leur cœur, lors que iournellement elle eſt offerte à Dieu le Pere pour eux aux ſaincts myſteres de l'Autel. N'eſtoit-il pas auſſi conuenable que celuy lequel par ſa bonté infinie auoit enduré d'eſtre le ſubiet d'vn acte ſi tragique, & le ſeul autheur des œuures miraculeux qui y ont eſté faicts, fut auſſi l'obiect de nos actions de graces, & le ſeul but de noſtre gratitude. En ce lieu donc ſuiuant le vœu de ces deux religieux Princes, a eſté baſtie l'Egliſe des Billettes, en l'honneur du ſainct Sacrement de l'Autel, en laquelle le ſainct ſacrifice de la Meſſe eſt celebré iournellement par les freres religieux y reſidans, & congregez pour ſeruir à Dieu en toute pieté, deuotion & iuſtice.

Or d'autant que la memoire d'vn miracle ſi ſalutaire & fructueux, ſe doit à bon droit renouueler tous les ans, & que le iour auquel il aduint, eſt ſolennellement occupé à la ſolemnité de la glorieuſe reſurrection du Sauueur. A ceſte cauſe il a eſté ordonné du conſentement des freres ſuſdits, que la ſolemnité d'iceluy ſe feroit en ladite Egliſe, au iour de l'octaue de Paſques, dit le Dimãche de Quaſimodo: le tout à l'honneur & gloire de celuy duquel nous auons parlé, IESVS-CHRIST noſtre Seigneur, lequel auec le Pere & le ſainct Eſprit vit & regne vn Dieu ſeul aux ſiecles des ſiecles.

DISCOVRS D'VN MIRACLE PAREIL AV PRECEDENT ADVENV EN Flandres en la ville de Bruxelles, l'an mil trois cens ſoixante & neuf.

Extraict de la deſcription des Pays bas, de Loys Guicciardin, au chapitre de Bruxelles, page iij.

A Bruxelles vis à vis de l'Egliſe de ſaincte Gudule, eſt baſtie vne chapelle, dedans laquelle on void vn ciboire d'or, & en iceluy trois hoſties conſacrees, à cauſe d'vn inſigne miracle du ſainct & admirable ſacremét de l'Autel, aduenu ſuiuant que l'eſcriuent Meyer & autres, l'an de noſtre ſalut mil trois cens ſoixante neuf. Or aduint la chose en ceste sorte. Vn certain Iuif nommé Ionathas, acheta detestablement d'vn Iudas, à sçauoir d'vn Iean Curé de saincte Catherine à Bruxelles le sainct ciboire remply d'hosties consacrees. mais par le iuste iugement de Dieu, ce faict fut descouuert, entant que ce maudit Hebrieu fut occis en vn iardin par aucuns siens ennemis, & sa femme donna le sainct ciboire en garde à son fils appellé Abraham. Or ce gallant qui sçauoit à quelle fin son pere auoit recouuert ces gages si precieux, ayant conuocqué autres Iuifs le iour du sainct Vendredy de la semaine peneuse en son logis, tira le corps precieux de nostre Sauueur caché souz ceste figure de pain du ciboire: & soudain ces circoncis s'acharnans dessus, luy donnẽt plusieurs coups de cousteau, d'où sortit & ruissela le sang en abondance.

De ſorte que la mere de cet Abraham veu ce miracle, ſaiſie d'eſtonnement, ſe conuertit ſur l'heure à IESVS-CHRIST, & fit rapporter le faict aux Curez de ſaincte Gudule & de ſainct Nicolas, l'vn appellé M. Pierre, & le ſecond M. Iean Volue, & leur deſcouurit, & la peruerſité Iuifue, & le miracle y aduenu. De ſorte que Vuenceſlaus Duc de Brabant, & madame Ieanne ſon eſpouſe, ayans faict faire enqueſte & information treſ-diligente ſur ce faict, fit bruler tout en vie cet Abraham & autres Iuifs ſes complices deuant l'Egliſe ſaincte Catherine. Et apres ce eſtablit & ordonna vne proceſſion generalle & ſolemnelle, voulant qu'en memoire d'vn ſi grand miracle, elle fuſt tous les ans renouuellee, & y aſsiſterent luy & la Ducheſſe, ſuiuis d'vn peuple infiny, faiſant apporter ceſte ſacree Hoſtie ainſi poin-

poinçonnee en l'Eglise de saincte Gudule, où depuis elle fut mise en la susdicte chappelle: & fut apposee vne peincture & tableau où toute l'histoire est viuement effigiee, & les vers qui s'ensuiuent y sont escrits.

Quisquis ades summi tangit quem cura Tonantis,
Dum properas, cœptum siste viator iter.
Hæc tibi viua caro æterni sapientia Patris,
CHRISTVS *adest viuus panis & vna salus.*
Inuida Iudæi quem dum laniare laborat
Impietas, meritis ignibus ecce ruit.
Quare age diuinos huic funde viator honores.
Funde Deo dignas supplice mente preces.

Le Translateur au Lecteur.

SI quelque esprit curieux outre les autheurs Latins par nous cottez à l'entree de ce Discours, desire sçauoir les liures François faisans mention de ceste histoire, (bien que ce soit chose superflue, attendu la nototieté du faict assez releuee par l'aspect des saincts lieux, tiltres & monumens d'iceux, mesmement de la saincte Hostie, iusqu'à present gardee au sanctuaire de sainct Iean en Greue. Neantmoins pour luy satisfaire, ie le renuoye tant aux Annales de France, que pour pareils miracles aduenuz és villes de Diion & Bruxelles, à celles de Flandres & Bourgongne. Et entre nos autheurs à Iean Viguier en ses institutions, François de Belleforest & Gilles Corroset, en leurs antiquitez de Paris. Or ce faict ainsi que dessus aduenu, ne sera trouué estrange que par les incredules, non par ceux qui croyent la toute-puissance de Dieu, & la reelle presence du corps de IESVS-CHRIST au sainct Sacrement de l'Autel; qui sçauẽt & ont appris à la lecture des histoires Ecclesiastiques, cõme en beaucoup moindres termes, Dieu a souuent permis sortir du sang du bois & de la pierre des images violees : dont Robert Guaguin historien François a pris subiect d'escrire en la vie du Roy Philippes Auguste, vn exemple memorable en ces termes.

Interim dum de pace agitur, quidam introducti à Richardo satellites, dum alea ludunt, quidam perditis nummis blasphemus in Deum, signum B. Virginis filium dextra gestantis, in templi vestibulo aspiciens, iacto in imaginem lapide, brachij partem à filio abrupit, ex quo profluens cruor multis ægrotaniibus salus fuit. Satelles autẽ Virginis contemptor dæmonio mox abreptus, eodẽ die miserabiliter spiritũ efflauit. Nemo igitur venerabiles imagines Sanctorum despiciat, quæ tametsi nihil in se diuinitatis obtinent, sunt tamen ad monumentum virtutis populo exhibitæ, admonéntque humanam mentem imitari eorum vitam, quorum imagines in honore haberi vident.

C'EST A DIRE,

Tandis que l'on traictoit de la paix, il aduint qu'entre les soldats de Richard, quelques vns ioüans aux dez, l'vn d'eux ayant perdu son argent, & blasphemant le nom de Dieu, vit deuant soy à la porte d'vne Eglise l'image de la saincte Vierge tenãt son fils, & luy ietta vne pierre, de laquelle il rompit le bras du fils, duquel sortit grande abondance de sang, dont plusieurs malades furent gueris. Au mesme instant le soldat mespriseur de la Vierge fut espris du malin esprit, & le mesme iour mourut miserablement. Que nul donc ne mesprise les images des Sainćts qui sont venerables: car biẽ qu'en icelles il n'y ait aucune diuinité, elles sont toutefois proposees au peuple, pour tesmoignage de vertu, & admonestent l'esprit humain d'imiter la vie loüable de ceux dont ils voyẽt les images estre honorees.

I'adiousteray pour fin aux preuues de nostre miracle les anciennes inscriptions qui se voyent en nos Eglises, tant sur le portail du monastere des Billettes, comme aussi en dehors le cœur de l'Eglise de sainct Iean en Greue, au dessouz d'vne ancienne image en pierre, representant le susdit miracle.

En l'Eglise de S. Iean.

Le miracle de la saincte Hostie qui fut miraculeusement apportee, & iusqu'au iourd'huy en toute reuerence gardee en ceste Eglise, aduint l'an 1290.

En l'Eglise des Billettes.

Icy est l'Eglise & monastere aux freres de la Charité nostre Dame, fondee en l'honneur & reuerence du S. sacrement de l'Autel, où le precieux sang de la saincte Hostie a esté respandu.

Sur le portal de la caue de ladite Eglise.

Cy dessous le Iuif fit boüillir la saincte Hostie.

PARAPHRASE DE QVATRE HYMNES DE L'EGLISE, AV S. SACREMENT de l'Autel, par H.S.P.

Adoro te deuotè, &c.

i.

IE t'adore deuotement
Saincte Diuinité latente,
Qui comprise & non apparente
Es souz ces figures vrayment.

ij.

Tout mon cœur se sousmet à toy,
Car te voyant en ce mystere,
Il est sans pouls & sans artere,
Rauy du zele de la foy.

iij.

L'œil en toy mortel est deceu,
Le goust & la main n'a creance:
Mais du seul oüyr prend naissance
La foy dont tu es apperceu.

iiij.

Ie croy tout ce qu'a recité
Le fils de Dieu tres-veritable,
Il n'est rien plus indubitable
Que cet arrest de verité.

v.

Seule en croix la diuinité
Fut couuerte & non attachee:
Mais ensemble est icy cachee
La pure & saincte humanité.

vi.

L'vne & l'autre, ce nonobstant
Croyant, & confessant, ie prie
Pour obtenir pardon & vie,
Comme le larron penitent.

vij.

Ie ne puis comme sainct Thomas
En toy les playes recognoistre,
Mon Dieu toutefois & mon maistre
Ie t'appelle, & n'en doute pas.

viij.

Fay moy la grace que tousiours
De plus en plus en toy ie croye;
Que t'aymer soit toute ma ioye,
Mon esperance & mon recours.

ix.

O doux souuenir de la mort
De IESVS-CHRIST *Sauueur du monde,*
Vray pain, donnant vie seconde,
Vertu à l'homme, & reconfort.

x.

Donne à mon ame que ta chair
Luy serue de viande & vie,
Fay que de ta douceur rauie
Au monde elle n'ait rien de cher.

xi.

O doux IESVS, vray Pelican,
Daigne sur moy ton sang espandre,
Pour me nettoyer, & me rendre
Sain des blessures de Sathan.

xij.

Verse moy ce sang precieux
Duquel vne petite goutte
Effaceroit l'offense toute
De ce grand monde vicieux.

xiij.

O mon Dieu qu'à present ie voy
Couuert d'vn voile, quand sera-ce,
Quand aura mon œil ceste grace,
Où gist mon attente & ma foy:

xiiij.

Que te voyant incessamment
A face descouuerte & nuë,
Ie sois bien-heuré par la veuë
De ta gloire eternellement.

Lauda Sion. &c.

i.

O Sion louë ton Sauueur,
Ton guide & souuerain Pasteur,
En Hymnes & Cantiques.

ij.

Tant que tu peux esleue toy,
Pour celebrer de ton grand Roy
Les œuures magnifiques.

iij.

Nouueau subiect à ce grand iour
De magnifier son amour,
Tu as au pain de vie.

iiij.

Que nous croyons auoir esté
Par Iesus aux siens presenté
D'vne ardeur infinie.

v.

Soient donc nos langues & nos cœurs
Pleins de loüanges & d'honneurs
Pour si grand benefice

vi.

Du Redempteur, car c'est par luy
Que fut ordonné ce iourd'huy
Ce mystere propice.

vij.

Au festin de ce Roy nouueau,
De Pasques le nouuel Agneau
Ferme le vieil passage.

viij.

Le Iadis par la nouueauté
Cesse, l'ombre par verité,
Par l'aube le nuage.

ix.

Ce qu'vne fois a faict IESVS,
Il ordonna que ses esleuz
Feissent en sa memoire.

x.

A son exemple nous offrons
Pain & vin, & le consacrons
En Hostie à sa gloire.

xi.

Chacun est de croire obligé
Que le pain en chair est changé,
Et du vin la substance

xij.

Au sang: ce que l'œil ne peut veoir,
Ny l'esprit humain conceuoir,
S'establit par creance.

xiij.

Icy ſouz foibles accidens
Diuers dehors, non au dedans,
Giſt diuine largeſſe.

xiiij.

Viande eſt chair, breuuage eſt vin,
Mais demeure le corps diuin
Entier ſous chaque eſpece.

xv.

Du Chreſtien la dent ne le rompt,
Ny la fraction ne corrompt
Sa chair touſiours entiere.

xvi.

Vn le prend, mil'autres auſsi,
Tous ceux-là comme ceſtuy-cy,
Par diuine maniere.

xvij.

Des bons & mauuais il eſt pris,
A diuers & contraire prix,
Ou de mort ou de vie.

xviij.

Mort aux meſchans, la vie aux bons,
Ainſi de meſmes actions
La fin ſe contrarie.

xix.

Or quant tu vois estre rompu
Le Sacrement, sois retenu,
Te souuenant que sa vertu
En chaque part est toute.

xx.

Rupture ne se faict du corps,
Mais du signe veu par dehors,
Le contenu n'est brisé, fors
Qu'en son voile sans doute.

xxi.

Voicy des Anges le vray pain,
Faict viatic du pelerin,
Vray pain des enfans, sans leuain,
Non faict pour l'infidelle.

xxij.

Es figures il fut predit,
Quant Isac à la mort s'offrit,
L'agneau Paschal fut introduit,
Et pleut manne nouuelle.

xxiij.

O pain des Anges, Pasteur doux,
IESVS, aye mercy de nous,
Afin qu'estans par toy recoux,
Allions aux nopces de l'espoux,
Aßistez de ta grace.

xxiiij.

O toy qui tout sçais & tout peux,
Par qui tous mortels sont repeus,
Fay que là haut dedans les Cieux
Coheritiers des bien-heureux
Te voyions face à face.

Pange lingua &c.

I.

O ma langue beny du corps
Du Seigneur le mystere sainct,
Et du sang versé te records
Par IESVS de la lance attainct,
Pour mettre en liberté
Nostre captiuité.

ij.

C'est pour nous qu'il fut destiné,
A dure mort en croix souffrir,
Et d'vne vierge mere né,
Fit par tout sa loy retentir,
D'vn ordre plein d'amour
Terminant son seiour.

iij.

En la nuict du dernier repas
Auec ses Disciples aßis,
Ayant obserué par compas
De la loy le manger prefix,
Se donna de sa main
Sous le voile du pain.

iiij.

Le Verbe-chair prenant du pain
Par parole l'a faict sa chair,
En son sang a mué le vin,
Breuuage de son troupeau cher:
Si le sens contredit,
La seule foy suffit.

v.

Donc adorons tous d'humble cœur
Ce venerable Sacrement,
Et la loy d'antique rigueur
Cede au nouuel enseignement.
Le foible sens de soy
Deuienne fort par foy.

vi.

Gloire soit au Pere & au Fils,
Honneur & iubilation:
Loüons außi grands & petits
L'Esprit sainct en deuotion,
Qui coëgal aux deux
Regne dedans les cieux.

Ad cœnam agni prouidi &c.

I.

MAngeans l'agneau tous de vertus,
Et de blanches robes vestus,
Eschappez de la rouge mer
IESVS nous deuons reclamer.

ij.

Duquel le corps net de peché
Sur l'autel de la croix seiché,
En Dieu nous faict viure és hauts cieux,
Goustans ses dons delicieux.

iij.

Recous sommes nous de la main
De l'Aegyptien inhumain,
Preseruez, la nuict que passoit
L'ange, qui de mort punissoit.

iiij.

Or est CHRIST nostre passeport,
C'est l'agneau pour nous mis à mort,
Et sa chair offerte a esté
Le vray pain de sincerité.

v.

O digne Hostie vrayement,
Qui l'enfer brise puissamment;
Puis ta gent mets en liberté,
Luy donnant immortalité!

vi.

Quand IESVS du ſepulchre vient,
Vaincueur des enfers il reuient,
Le tyran aux liens a mis,
Ouurant aux ſiens le Paradis.

vij.

Nous te prions ô Createur,
Sois de ton peuple protecteur,
Que mort ne le vienne ſaiſir
Gouſtant de Paſques le plaiſir.

viij.

Gloire ſoit à ta Maieſté
Seigneur, de mort reſuſcité,
Gloire au Pere eternellement,
Au ſainct Eſprit ſemblablement.

Priere. O ſalutaris &c.

O *Saincte Hoſtie ſalutaire*
Qui aux humains ouure les cieux,
Contre l'effort de l'aduerſaire
Rend nous forts & victorieux.

ΕΡΓΩΤΕ ΛΟΓΩΤΕ.

www.ingramcontent.com/pod-product-compliance
Lightning Source LLC
LaVergne TN
LVHW010043230826
846091LV00005B/1845

* 9 7 8 2 0 1 1 3 4 4 0 1 4 *